ضاد طاء ظاء

عين غين فاء

قاف كاف لام

ميم نون هاء

واو ياء

أغاني الحروف

تأليف: بسمة الخطيب
رسوم: سندس الشايبي

دار جامعة حمد بن خليفة للنشر
HAMAD BIN KHALIFA UNIVERSITY PRESS

الطبعة العربية الأولى عام ٢٠١٩

دار جامعة حمد بن خليفة للنشر
صندوق بريد ٥٨٢٥
الدوحة، دولة قطر

www.hbkupress.com

الترقيم الدولي: 9789927137303

تمت الطباعة في بيروت لبنان.

مكتبة قطر الوطنية بيانات الفهرسة – أثناء – النشر (فان)

الخطيب، بسمة، مؤلف.

أغاني الحروف / تأليف بسمة الخطيب ؛ رسوم سندس الشايبي. الطبعة العربية الأولى. - الدوحة : دار جامعة حمد بن خليفة للنشر، 2019.

صفحة ؛ سم

تدمك: 978-992-713-730-3

1. أغاني الأطفال – أعمال للأطفال. أ. الشايبي، سندس، رسام. ب. العنوان.

PZ8.3.K43 2019

784.624 - dc23

201927333747

أغاني الحروف

تأليف: بسمة الخطيب
رسوم: سندس الشايبي

أ

ئـ ـئـ ـئ

زأَرَ الأسدُ فخافَ الأرنبُ وركض
صارَ كرةً من قطنٍ ناعم أبيض

لـإِعدادِ عشاء دافئ
لم تجدِ اللبؤةُ لحمَ غزال
فأعدَّتْ فطيرةَ خضار
ونادتِ الـآسادَ في الحال

أوَّلُ من لبَّى النداء
كانتِ الكرةُ البيضاء

دُهشتْ عائِلةُ الأسدِ
من روعةِ المشهدِ
كرةُ قُطنٍ تأكلُ الجزرَ
والملفوفَ والشمندرَ!

ب

بـ ـبـ ـب

بـالوني البُـنِّيُّ ليسَ هنا
كُتبي وعربَـةُ الإطفاءِ
لا أجدُها في الأرجاءِ!

مركبُ الصيدِ اختفى
حتَّى الـبوقُ العنَّابي
غادرَ علبةَ ألعابي

وجدتُ ورقةً على البابِ
رسالةً لي من أصحابي:

سافرنا اليومَ في عطلة
لقد ملَلنا من العُلبة

سافرنا
اليوم في عطلة
لقد مللنا
من العلبة

ت

تـ ـتـ ـت

توتٌ في بسـتـانِ التوت
توتٌ في قطعِ البِسكوت
كعكـتي أشهى بطعمِ التوت

بينَ الـتِـلالِ والبيوت
تَـبحثُ سلَّتي عن توتة
سلَّتي مثلي تُـحبُّ التوت

توتٌ أحمرُ في حافلتي
توتٌ أبيضُ على قبَّعتي
حتَّى قطاري حينَ يُغنِّي
يردِّدُ دومًا:
توت توت توت

ث

ثـ ـثـ ـث

ثاءٌ ثاء... صوتُ ثُـغاء
صوتُ خِرافٍ في الأرجاء
أبحثُ عنها لأُصادِقها
وتغنِّي لي كلَّ مساء

حاولتُ العثور عليها
تحتَ الأسرَّةِ والكنبِ
« يا بـثَـينةُ ابحـثي معي
بدأتُ أشعرُ بالتعبِ».

ردَّت أختي بثِقةٍ معتادة:
«لا أسمعُ أيَّ ثغاءٍ، أيَّ لُهاث
اختاري لغرفتِنا سجَّادة
لا يسكنُ الغنمُ متجرَ أثاث»

تخفيض
50%
60%

ج

جـ ـجـ ـج

جاءَ العملاقُ جَمجوم
هاتَفَ مطعمَ خمسِ نجوم

«آلو، سجِّل عندك يا أخي
مزرعةَ دجاجٍ مشوي
بحيرةَ بيضٍ مسلوق
وأخرى بالجُبنِ المقلي».

سمعَهُ ديكُ الجيرانِ
نَشرَ الخبرَ في الوديانِ

هربتْ دواجنُ الديارِ
خلفَ الجِبالِ والأنهارِ

ح

حـ ـحـ ـح

صنعتْ فرحُ حَـلوى البلـحِ

وطهتها في الفرنِ المرحِ

راحتْ نارُ الفرنِ تغنِّي

ما أشهى رائحةَ البلحِ!

حا حو حي حا حو حي

دقَّ البلحُ بابَ الفرنِ:

«حا حو حي حا حو حي

الفرنُ الحارُّ سيحْـرقني

ليتني كنتُ ببطنِ الحوتِ

أو قرصَ تمرٍ بالطحينِ»

خ

خـ ـخـ ـخ

إلى شاطئِ النخيـلِ ذهبنا للتخْييمِ
ضاعَ خاتمُ أختي فقالتْ بتصميمِ:
«من يجدِ الخاتمَ حالًا
يربحُ خَمسينَ ريالًا
أو إفطارًا في مطعم»

وجدنا صدفًا وبخورًا
خِلخالَ فضَّةٍ وصخورًا
ولكنْ لم نجدِ الخاتم.

وحينَ حلَّ المساء
وضعنا أواني العشاء،
في ضوءِ خُـيوطِ القمرِ
لمعَ الخاتمُ بينَ الخُضرِ

د

د ـد ـد

ملَّتْ «دودة» من دارِها
فبحثتْ عن دارٍ أفضل

سكنَتْ في خمٍّ دَجاجٍ
وهربت قبل أن تؤكل

بينما الدِببة الخطيرة
تطارِدُها ذاتَ صباح

هربتْ بسرعةٍ كبيرة
نحوَ غابةِ التفَّاح

اختبأتْ في تفَّاحة سعيدة
وصارتْ دارتَها الجديدة

ذ

ذ ـذ ـذ

يُحكى أنَّ ذِئبًا تابَ
وقالَ لن آكلَ لحما
سآكلُ فقط الأعشابَ
ذُرةً حلوةً وسمسما

قصدَ مزرعةَ منصور
طلبَ منهُ كيسَ بذور

قالتِ العنزةُ أمُّ الجديان:
«هذا مخادع! هذي خدعة!
سيصنعُ ذَيلًا أبيضَ
ليأكلَ صغاري السبعة»

حتَّى ليلى لم ترأفْ بالذئبِ
فهوَ مشهورٌ جدًّا بالكذبِ

ر

ـر ـرـ رـ

رامي رَسّامٌ موهوب
رسمُهُ أكثرُ من رائع
لكنَّهُ لم يرْسمْ أبدًا
أنوارَ القمرِ اللامع
خلفَ الغيمةِ يختبئُ
لأنَّهُ خجولٌ متواضع

طلبَ رامي منَ الرياحِ
أنْ تدفعَ الغيومَ بعيدًا
لشروقِ شمسِ الصباحِ
فيبقى القمرُ وحيدًا

نجحتْ تلكَ الخطَّةَ أخيرًا
ومن نافذةِ المرسَمِ
رسمَ رامي القمرَ منيرًا
وفازَ بجائزةِ الموسمِ

ز

ز ـز ـز

زَهرتي روزي حزينة
لأنَّها في الدارِ سجينة
تريدُ أن تزور
بقيَّةَ الزُهور
تركضُ كالغزالِ في بستانِ الكرزِ
تزيِّنُ لي شعري وثوبي الفيروزي

صحِبتُها لحفلِ زفاف
رمتْها عمَّتي لوسي
معَ الأرزِّ والأزْهار
على رأسِ العروسِ
وقعتْ زهرتي روزي
في كوبِ عصيرِ اللوزِ

س

سـ ـسـ ـس

السُفنُ المسافرة
شُجاعةٌ مغامِرة

لا تهدأُ أبدًا أو تنام
تنقلُ الناسَ والسلعَ
كلَّ الفصولِ والأيَّام

من الشمـسِ لا تتعبُ
من المطرِ لا تهرُبُ

لا تخشى أسْـماكَ القرشِ
بثقةٍ بينها تـسـير
كأنَّها في الـسـوقِ تمشي

السفنُ المسافرة
شجاعةٌ مغامِرة

ش

شـ ـشـ ـش

فراشَةُ الحديقةِ عند شُـرفتي
تراقبُ الشطيرةَ في غُرفتي
هل الفراشاتُ تجوعُ مثلنا؟
أتحبُّ شرابنا وتأكلُ أكلنا؟

ماذا أُطعِمُها؟ ماذا أسقيها؟
مشْمش أم خيار؟
شوفانٌ أم عصير؟
سأتركُها تختار
وبجناحِها تُشيـر؟

فكَّرتُ جيِّدًا
ووجدتُ الحلَّ الأمثل:
شطيرةً من الزهرِ
مع بعضِ العسل

ص

صـ ـصـ ـص

قصدَ الصّـيَّادُ يومًا واحةً بعيدة
تلفَّتَ بحذرٍ بحثًا عن طريدة

قالَ الجملُ للعـصْـفور
«نبِّهْ جميعَ الـصُّـقور!»
صاحَ الصيَّادُ: «مهلًا
أنا لا أصيدُ الطيور
جلبتُ لكم رطلًا
من أطيبِ البذور
ومثلَها كلَّ أربعةِ فصول
لآكلَ الرمَّانَ المعسول»

رحَّبَ الجميعُ بالصيَّادِ الضيفِ
هتفوا: «عاشتْ فاكهةُ الصيفِ!»

ض

ضـ ـضـ ـض ض

زارَ الضَبعُ «فضُّول» وكالةَ الفضاء
لأنَّه يحبُّ الكواكب ونجوم السماء

قالَ: «عندي فضول، ماذا في الصاروخ»؟
ضغطَ زرًّا أخضرَ فبدأَ رأسُهُ يدوخ

أضاءتِ الأضْواء
وانطلقَ في الهواء

الغيمُ الأبيضُ لوَّحَ مودِّعًا فضُّول
الطائراتُ حلَّقتْ تشجِّعُ فضُّول

ابتعدَ عن الأرضِ
بعيدًا جدًّا طار
قطفَ نجمةً مضيئةً
لإخوتِهِ الصغار

ط

ط ـطـ ـط

رحِّبوا معي بالسيِّدِ مستطيل
صاحبِ الشكلِ الحلوِ الطَويل
بالطولِ أو بالعرضِ هوَ دومًا جميل

بساطُ المطْبخِ مستطيلُ الشكلِ
علبةُ العطورِ وطاولةُ الأكلِ

في عطْلةِ الصيفِ سآخذُ القطار
بالشكلِ المستطيلِ أفضلُ الأسفار

على حائطِ المرسمِ أرسمُ الأبراج
وقطعةَ أرضٍ محاطةٍ بالسياج

حتَّى الحائطُ يغنِّي ويميل
«أنا أيضًا شكلي مستطيل»

ظ

ظ ـظـ ـظ

يشعرُ الظَبيُ بالتعبِ والحرِّ
الشمسُ حارقةٌ فترةَ الظُهرِ

أشجارُ الحظيرةِ قليلة قصيرة
لا تحجبُ الشمسَ ظِلالُها صغيرة

ألقى الظبيُ نظْرةً وفكَّرَ بإمعان
الحظوظُ قليلةٌ في تركِ المكان

اقتلعَ الأعشابَ وعلَّقَها على الشجرِ
ضحكتِ سلحوفة وانقلبتْ على الظهرِ

«هاها وجدتُ جواهري وطلاءَ أظافري
كانتْ ضائعةً تحتَ العشبِ الطري»

ع

عـ ـعـ ـع

عاشتْ شجرةٌ لطيفةٌ قربَ عَـينِ ماء
تنعِـشُ ربيعًا وصيفا وتُفرحُ الأحياء

تمنَّتْ كثيرًا أن تلعبَ كرةَ السلَّة
فتسجِّلَ الأهدافَ وبها تتسلَّى

حينَ علقتِ الكرةُ بينَ فروعِ الشجرة
بعودِها القويِّ ضربتِ الشجرةُ الكرة

نظرَ الأولادُ إليها بعُـيونٍ منبهرة
راحوا يعيدون الكرةَ مرَّةً بعدَ مرَّة

سجَّلتِ الشجرةُ أروعَ الأهداف
شجَّعها الجميعُ بالقفزِ والهتاف

غ

غـ ـغـ ـغ

الغَـيمةُ الصغيـرةُ تحبُّ الألوان
اشترتِ الأصباغَ وعدَّةَ الدهان
ولطَّختْ ثوبَها
بالقليلِ منها

صبغتِ الغُصونَ بالأخضرِ اللامعِ
والأغْنامَ والغِزلانَ بالأحمرِ الفاقعِ
ولطَّختْ ثوبَها
بالقليلِ منها

نادى الـغولُ رفاقهُ:
«لنأكلْ غزلَ البناتِ
الطائرِ فوق الغاباتِ»

خافتِ الغيمةُ وهربتْ
تحتَ المطرِ اغتسلتْ

ف

ف ـفـ ـف

الفَـراشة فافا ورفيقتها أملى
ذهبتا معًا إلى مسرحِ الدمى

قالَ قاطعُ البطاقاتِ:
«يُمنعُ إدخالُ الحشراتِ»

أخبرتْ أملى فراشتها الحزينة:
«تعلَّقي بشعري كقطعةِ الزينة»

نجحتِ الخطَّةُ الذكيَّة
ودخلتِ الرفيـقتانِ
استمتعتا بالمسرحيَّة
وأكلِ الفولَ السوداني
فُنون الدمى تجمعُ
الرقصَ بأصنافِ الأغاني

ق

قـ ـقـ ـق

عندي قُبَّعةٌ تمشي
هل هذا معـقول؟
قُبَّعتي تأكلُ مثلي
الرقـاقَ والبقول
تـقْـفزُ أيضًا بالحبلِ
بشكلٍ مقبول
هيَّا انطلـقي! سابقي الزورق
أنـقِـذي قِردي قبلَ أنْ يغرق

إذا الفأرُ أخذَ من الجبنِ قِـطعة
تخرجُ قطَّتي من تحتِ القبَّعة
عندي قبَّعةٌ تمشي
هل هذا معقول؟
طبعًا، غيرُ معقول

ك

كـ ـكـ ـك

هربَ مكَـعَّبُ السكَّر
مكعَّبي الحلو الأسمر
«كيفَ أشربُ قهوتي؟»
كادَتْ تبـكي جدَّتي

فتّشنا كُـلَّ عُلبِ السـكاكِـر
وتحتَ المكْـتبِ والدفاتر

هل قفزَ من الشبَّاك؟
أترُاهُ يـكونُ هناك؟
في بيتِ جارِنا شُكري؟
المصابِ بداءِ السكَّري؟

هناكَ لن يعرفَ الخطر
شكري لا يأكلُ السكَّر

ل

لـ ـلـ ـل

جلبتُ منَ الدكَّانِ ثـلاثَ لَـيمونات
سأصنعُ منها عصيرًا وحلويَّات
غسلتُها جيِّدًا ثمَّ قطَّعتُها
عصرتُها أيضًا ثمَّ صفَّيتها

ما الأمرُ التالي؟ ماذا أضيفُ الآن؟
ملاعقَ العسلِ؟ أم حبَّ الزعفران؟
نادتني والدتي: أنجزتِ يا لولة؟
أضفتِ الليمونَ لطبقِ التبُّولة؟

آه! لا! كيفَ نسيتُ هذا!
ماذا أفعلُ الآن؟ أخبروني ماذا؟
سأعودُ للدكَّان وأشتري المزيد
بضعَ ليموناتٍ أعصرُها من جديد

م

مـ ـمـ ـم

تحلمُ ميـرا دومًا بالقمَرِ الزهري

وحينَ تفيقُ تراهُ بالثوبِ الذهبي

قال: «في الأحلامِ

ألبسُ ألوانَ الحالِم

أكونُ أبيضَ لمَّاعًا

في منامِ الحمائم

وفي مناماتِ النمورِ

عسليٌّ لونُ سطوري

وفي أحلامِ البنتِ العطِرة

أنا وردي بلونِ الزهرة

ن

نـ ـنـ ـن

ضاعَ بالوني منِّي
حزنْتُ ودمعتْ عينِي

ربطت نورا بالونَها بحبلٍ طويل
ثمَّ تركت البالونَ معَ الهواءِ يميل

دفعهُ الهواءُ فتبعَتهُ عيونُنا
شمالًا طارَ فطارَتْ قلوبُنا

توقَّفَ عندَ شجرةٍ كبيرة
علقتْ فيها بالوناتٌ كثيرة

بالوني وبالوناتُ الجيران
وبالونُ نورا وأختها ليان

هـ

هـ ـهـ ـه

ما أهْدأُ حروفِ الهِجاء؟
التاءُ أم السينُ أم الباء؟
أبدًا ليستْ هَذه
إنَّهُ حرفُ الهاء

هدوءُ الهاءِ لا ينتهي
سكونُ الهاءِ حلوٌ بهي
هادئٌ مثل بحرٍ وديعِ
مريحٌ كسهولِ الربيعِ
ما أهدأُ حروفِ الهجاء؟

و

و ـو ـو

طبعًا حرفُ الهاء!

طارَ السربُ بعيدًا ذاتَ خريف

إلَّا إوَزَّةً واحدةً جناحُها ضعيف

وِسادتُها العشبُ وشرابُها المطر

من يأتي لعوْنِها بقيَتْ تنتظر

رآها ابن آوى عاشقُ الإوزِّ المشوي

وعدَها أن يُطعمها ما يُشفي ويُقوِّي

جلبَ لها الحلوَى وفطائرَ الشوفان

لتسمنَ جدًّا وتعجزَ عن الطيران

أكلتِ الإوزَّةُ الذكيَّةُ العشبَ فقط

أعطتِ الحلوى بالسرِّ للقطط

خافَ ابنُ آوى منَ القططِ السمينة

بسرعةٍ فرَّ هاربًا على متنِ السفينة

ي

يـ ـيـ ـي

بيْتُ جدَّتي أحلى بيوتِنا
يَجمعُ شملَنا يُحبُّه قلبُنا

ذاكَ الحمامُ يسكنُ في حوشِ الدار
وشجرةُ السدرِ ذي تُطعمُنا الكنار

غرفةُ جدَّتي مخزنُ الحلوى
لليلِ والنهارِ حكاياها سلوى

أنا وأخوتي
وأولادُ عمَّتي
لا نمرحُ إلَّا
في بيتِ جدَّتي

ألف

باء

تاء

ثاء

جيم

حاء

خاء

دال

ذال

راء

زاي

سين

شين

صاد